Le bon vieux

Farms

Mary Larcom Dow

Writat

Cette édition parue en 2023

ISBN : 9789357903646

Publié par

Writat

email : info@writat.com

Selon les informations que nous détenons, ce livre est dans le domaine public. Ce livre est la reproduction d'un ouvrage historique important. Les éditeurs utilisent la meilleure technologie pour reproduire les travaux historiques de la même manière qu'ils ont été publiés pour la première fois afin de préserver leur caractère original. Toute marque ou numéro vu est laissé intentionnellement pour préserver sa vraie forme.

Contenu

PREFACE	- 1 -
LA VIE DE MARIE LARCOM DOW	- 2 -
ANCIEN JOUR À BEVERLY FARMS	- 9 -
LUCY LARCOM—UN SOUVENIR	- 26 -
LETTRES	- 28 -
EXTRAITS DE LETTRES	- 33 -
APPRÉCIATION	- 34 -
EXTRAITS DE LETTRES ÉCRITES À MR. DOW	- 35 -

PRÉFACE

Au cours du dernier mois de sa vie, M. Dow a demandé à son ami et pasteur, le révérend Clarence Strong Pond, de veiller à ce que "Old Days at Beverly Farms", écrit par Mme Dow, soit imprimé. Il m'a aussi demandé d'écrire un sketch de sa vie pour le publier avec. La réponse est ce petit livre, un hommage affectueux de nombreux amis.

A côté de ceux dont les noms apparaissent sur ses pages, Mme Alice Bolam Preston a dessiné la porte d'entrée et le heurtoir du "Homestead". Mme Bridgeford et Mme Edwin L. Pride ont fourni les originaux des portraits. Mme Howard A. Doane, "Elsie", a recueilli des informations, tâche dans laquelle elle a été aidée par de nombreux voisins. L'argent, sans lequel nous n'aurions rien pu faire, a été donné par Mme F. Gordon Dexter, Mme Charles M. Cabot, Mlle Elizabeth W. Perkins et Mlle Louisa P. Loring.

Mme William Caleb Loring a acheté la maison de Mme Dow après sa mort et l'a donnée à la paroisse St. John's pour une maison paroissiale. Elle ordonna d'y placer une tablette pour conserver la mémoire de notre ami.

En examinant les titres, M. Samuel Vaughan a découvert que l'arrière-grand-père de Mme Dow, Jonathan Larcom, ne vendait pas ses esclaves. Il était administrateur de la succession de son père, David Larcom en 1775. Dans l'expertise, six esclaves sont mentionnés nommément, d'une valeur de 106 £ 13s. 4d. mais aucun n'est mentionné dans la division. Il semble qu'ils soient devenus libres à la mort de leur maître. Tous les esclaves étaient considérés comme libres dans le Massachusetts lorsque la Constitution de l'État a été adoptée en 1780.

KATHARINE P.LORING

LA VIE DE
MARIE LARCOM DOW

"C'est comme si l'esprit avait quitté Beverly Farms depuis la mort de Molly Ober."

Une de ses amies l'a dit et les autres le ressentent. Pendant soixante ans ou plus, elle a été le chef de file de la vie réelle de l'endroit. Et en parlant d'amis, il n'y a pas de limite, car sa nature bienveillante nous a tous permis de revendiquer cette relation précieuse.

Mary Larcom Ober était la fille de Mary Larcom et de Benjamin Ober. Les parents de Mme Ober étaient Andrew et Molly, (Standley) Larcom. Le père et la mère d'Andrew étaient Jonathan et Abigail (Ober) Larcom; ils eurent huit enfants, dont les trois plus jeunes sont liés à cette histoire. Le plus âgé de ces trois était David qui a épousé Elizabeth Haskell connue sous le nom de "tante Betsey"; ils eurent un fils David. Le frère suivant était Benjamin dont la première épouse était Charlotte Ives et sa seconde, Lois Barrett. De ce second mariage, l'une des filles était Lucy Larcom, la poétesse et l'éditrice également du "Lowell Offrande". Andrew Larcom était le plus jeune de ces frères. C'est ainsi que sa petite-fille, notre Mary, était une cousine de la génération suivante de Lucy Larcom ; bien qu'elle soit plus âgée que Mary, ils ont toujours été de grands amis et ce que Lucy nous dit dans "A New England Girlhood" de son expérience est aussi vrai pour l'une que pour l'autre petite fille.

> "Nos parents considéraient comme un devoir qu'ils avaient envers les plus jeunes d'entre nous de nous enseigner des doctrines. Et nous croyions en nos instructeurs, si nous ne pouvions pas toujours digérer leurs instructions."

> « Nous avons appris à vénérer la vérité telle qu'ils la recevaient et la vivaient, et à sentir que la recherche de la vérité était la seule fin principale de notre être. Il est également dommage que nous ayons dû travailler dur alors que nous étions si jeunes. Pourtant, ces deux résultats étaient inévitables des circonstances qui existaient alors, et peut-être que les deux appartenaient ensemble. Peut-être que les habitudes de travail consciencieux induisent la pensée et les habitudes de la pensée juste. Certainement la pensée juste. pousse naturellement les gens à travailler."

M. Andrew Larcom vivait sur la ferme où vit maintenant M. Gordon Dexter; ici la mère de notre Marie est née et a passé son enfance. C'était une charmante ferme avec beaucoup moins de bois que maintenant et ses limites étaient beaucoup plus grandes ; le foin salé était coupé sur le terrain marécageux qui s'étendait vers la mer, et là où il finissait au-dessus de la plage, il y avait des bosquets de pruniers sauvages, dont les fruits pourpres faisaient de délicieuses conserves. Ce marais n'était pas drainé comme il l'est maintenant, de petites rivières d'eau le parcouraient à marée haute reflétant la lumière du soleil.

Lorsque Benjamin Ober, qui était le premier compagnon d'un Indien de l'Est, a épousé Mary Larcom, ils sont allés vivre dans la maison du côté nord de Mingo Beach Hill. C'était alors une maison plus petite et proche de la route, avec une belle vue sur la mer. Une page de Lucy Larcom donne un récit si charmant des "fermes" qu'il faut le citer ici, car Mary Ober l'aimait. L'ancienne ferme était l'endroit où vivaient Andrew et Mary Larcom, tandis que «l'oncle David» et la «tante Betsey» vivaient dans la maison que nous connaissons sous le nom de maison de Mary Ober au milieu du village.

> "Parfois, ce même frère obtenait la permission de m'emmener faire une excursion plus longue, de visiter la vieille ferme des "fermes". Trois ou quatre milles n'étaient pas considérés comme une trop longue marche pour un enfant en bonne santé de cinq ans, et cette route dans l'ancien temps, conduit à travers un paradis rural magnifique à chaque saison, que ce soit le temps des moineaux chanteurs et des violettes, ou des roses sauvages, ou des buissons d'épine-vinette accrochés au corail, ou des feuilles mortes et des congères. Brook pour entendre chanter les oiseaux-chats, et à Mingo Beach pour se délecter de la surprise soudaine de la haute mer et pour écouter le chant des vagues toujours plus fort et plus grandiose là-bas que n'importe où le long du rivage. dans des ouvertures ensoleillées, dont la dernière détenait sous ses pins en bordure le secret du plus beau chemin de bois jusqu'à nous, au monde, le chemin de la ferme ancestrale."

> "Plus loin sur la route, où les cousins étaient tous des hommes et des femmes adultes, l'hospitalité cordiale à l'ancienne de tante Betsey nous a parfois retenus un jour ou deux. Nous avons regardé la traite, nourri les poulets et nous en sommes sortis glorieusement. Tante Betsey n'aurait pas pu faire plus. pour nous divertir si nous avions été les enfants du président.

> "Nous avons ressenti un sentiment de chez nous avec les mots" tante Betsey "alors et toujours. Elle avait juste le mari qui lui appartenait en la personne de mon oncle David, un

homme droit, au visage franc, au grand cœur et à l'esprit spirituel. Il était le frère préféré de mon père, et pour notre branche de la famille, "les fermes" signifiaient oncle David et tante Betsey."

Les fermes étaient d'une plus grande importance relative à cette époque. Les fermes étaient assez fertiles et soigneusement travaillées. Leurs propriétaires, anciens capitaines de marine, étaient aisés, il y avait deux bonnes écoles et la Troisième Bibliothèque sociale fut fondée en 1806. Le premier catalogue, rédigé en 1811, est encore conservé, il y a quelques livres marqués "Lire en mer ," parmi eux "Le repos éternel du saint", "Edwards on Affliction" et le premier volume de Josèphe, lecture joyeuse pour les jeunes capitaines.

Vers le milieu du siècle, la pêche d'été a remplacé les voyages marchands, les marins se sont donc tournés vers la fabrication de chaussures en hiver. Presque chaque maison avait son petit magasin de chaussures 10 x 10, dans lequel il y avait de la place pour un homme sur un tabouret bas, une chaise pour un visiteur, un poêle en fer, un banc avec des outils, le lapstone ovale pour fixer les chaussures, avec rouleaux et chutes de cuir, avec une odeur piquante.

Dans la maison de Mingo Beach Hill, notre Mary Larcom Ober est née en 1835 et ici son père est décédé la même année. Il y avait une sœur aînée Abigail, qui est décédée alors qu'elle était une jeune femme.

Au bout d'un moment, la veuve retourna chez son père; en 1840, elle épousa son cousin David Larcom le jeune et ils vivaient dans la maison Larcom aux fermes. Comme son père, le premier "Oncle David" est mort, la même année, sa veuve, "Tante Betsey", a déménagé à l'étage. David et sa femme avec ses enfants Abby et Mary vivaient en dessous; quatre enfants leur naquirent David, Lydie, Joseph et Théodore.

De Mingo Beach Hill et de la ferme, l'école West Farms était plus proche, donc Mary devait d'abord aller à l'école dans le petit bâtiment carré qui fut plus tard pendant un an le lycée, maintenant depuis de nombreuses années une maison d'habitation près de Pride's Crossing. Après le déménagement de la famille aux Farms, elle est probablement allée à l'école East Farms, qui était presque en face de l'église. Elle a passé quelque temps à la Francestown Academy, comté de Hillsboro, New Hampshire, et a terminé ses études à la State Normal School de Salem où elle a obtenu son diplôme avec la deuxième classe après sa fondation. Elle et sa sœur Abby se sont frayé un chemin dans cette école en attachant des chaussures. C'était la part des femmes de la chaussure faite à la main décrite dans "Hannah binding shoes" de Lucy Larcom.

Peu de temps après l'obtention de son diplôme, Mary a été nommée enseignante dans un lycée de Brewster à Cape Cod. L'année suivante, elle a été fiancée pour une école à Castine, dans le Maine. Ici, elle a découvert que les élèves étaient de grands garçons, presque des hommes adultes, et elle craignait de ne pas pouvoir les gérer. Cependant, lorsqu'ils ont découvert qu'elle était une bonne enseignante qui pouvait leur donner ce qu'ils voulaient apprendre, il n'y a eu aucun problème.

Puis, en 1858 et 1859, notre Miss Ober commença à enseigner à la Farms School (les deux écoles étant réunies) sur Indian Hill juste au-dessus de la gare de Pride's Crossing ; le bâtiment a été rénové plus tard et est maintenant la maison de Mme James F. Curtis. Les notes étaient inconnues, elle avait une vingtaine à une trentaine d'élèves de tous âges, mais elle réussissait à les maintenir en ordre et à leur enseigner si bien qu'ils se souvenaient toujours de ce qu'ils apprenaient. Elle a stimulé les enfants brillants à un plus grand effort et elle a encouragé les ternes afin qu'ils soient surpris de comprendre. Une de ses vieilles filles m'a dit qu'elles l'aimaient mais qu'elles la craignaient à l'école et qu'elles l'appréciaient lorsqu'elles sortaient. Elle aimait particulièrement le homard bouilli et les feuilles de pissenlit servis ensemble; chaque fois que ces mets étaient pour le dîner, sa mère disait à l'enfant de ramener le professeur à la maison pour les partager, et « alors quel bon moment nous avons passé ». Elle sourit en disant cela, mais il y avait une larme dans ses yeux.

À peu près à cette époque, Miss Ober était fiancée à un jeune homme séduisant, professeur à l'école de Beverly Farms. Il y avait toutes les promesses d'une vie heureuse, mais malheureusement il est mort. Mlle Ober a continué avec son école jusqu'en 1870, sauf en 1862 et 1865, mais elle n'était pas forte et sa santé était altérée.

Dans un volume très aimé et usé des poèmes de Whittier, donné à Mary Ober en 1858-1859, est écrit de sa propre main, "l'hiver le plus heureux de ma vie". Une bouture est épinglée à une feuille, avec l'épitaphe suivante d'un ancien cimetière anglais :

« Je ne me lierai pas au chagrin :

C'est comme si les roses qui grimpaient

    Mon mur de jardin

S'était épanoui de l'autre côté."

Les poèmes qu'elle a marqués sont : "The Kansas Emigrants", "Question of Life" et "Gone", dans ce dernier poème, elle a souligné le couplet :

"Et accorde à celle qui tremble ici,

Méfiant de tous ses pouvoirs,

Peut accueillir dans sa maison plus sainte

Le tout bien-aimé des nôtres."

Ce sont là les clefs de sa pensée, elle croyait à l'abolition, au sauvetage de l'Union, elle était absorbée par la guerre civile, par le départ de parents et d'amis, et elle s'intéressait beaucoup aux travaux de la Commission sanitaire. Ma grand-mère, Mme Charles G. Loring, travaillait dans les salles de commission à Boston le jour, le soir elle apportait des matériaux et se promenait dans son buggy pour les distribuer aux voisins, récupérant les vêtements finis à rapporter à Boston par un train de bonne heure. Mary Ober l'accompagnait souvent, l'aidant de toutes les manières, et ils sont devenus de grands amis; c'est en partie grâce à son influence que Mary se rendit en Floride pour le bien de sa santé à l'hiver 1871. L'hiver suivant, elle prit une école en Géorgie sous le "Freedman's Bureau" où elle enseigna aux petits ténébreux, qui l'adoraient. En 1872 et 1873, elle enseigna aux enfants des Blancs pauvres à l'école de Wilmington, en Caroline du Nord, et c'est là qu'elle rencontra Sarah E. Miller qui devait être son amie dévouée pour la vie. C'était l'école Tileston fondée par Mme Mary Hemenway, sa directrice était Mlle Amy Bradley; c'était peut-être l'école la plus connue pratiquée par les habitants du Nord dans le Sud.

Pendant deux ans de plus, elle a enseigné des demi-sessions à Beverly Farms, puis, alors qu'elle retrouvait la santé et la force, de 1875 à 1899, Mlle Ober était à la tête de la Farms School, puis à Haskell Street, commençant avec un salaire de 180 $. Elle n'a jamais eu un gros salaire. Elle était considérée comme la meilleure école de la ville. Le bâtiment était celui en bois, maintenant une maison, sur le terrain voisin de l'école en brique. Elle a su évoluer avec son temps, a introduit des notes et a eu plusieurs assistantes au fil des années. Elle a poursuivi sa carrière d'enseignante des plus réussies, elle était stricte mais juste et gentille, toujours intéressée par ses enfants que ce soit à l'école ou après, gardant le contact avec eux et suivant leur carrière avec sympathie. Lorsque M. Charles H. Trowt a été élu maire de la ville, elle a écrit: "Et tu étais mon petit garçon aux cheveux blonds et aux cheveux bouclés à l'école."

Elle avait un foyer heureux avec sa mère et son beau-père; "Oncle David" elle l'appelait toujours, même si elle entretenait la relation d'une fille aimante. Sa mère est décédée au printemps 1876 et M. Larcom est décédé en 1883.

Miss Ober a toujours été une grande lectrice, elle choisissait les meilleurs livres et restait en contact avec les sujets du jour. Nous nous souvenons tous de ses longues promenades dans les bois et les champs, de sa joie des premières fleurs du printemps et du chant des oiseaux ; elle a partagé le regret de Bryant à l'automne, mais ses hivers ont été rendus joyeux par son hospitalité à la maison. Les amis venaient toujours lire, coudre ou faire une bonne partie de whist l'après-midi ou le soir.

Une autre citation de "A New England Girlhood" semble appropriée ici.

> "La période de ma croissance avait des particularités que notre histoire future ne peut jamais répéter, bien que quelque chose de bien meilleur en résulte sans aucun doute déjà. Ces particularités étaient le développement naturel de la graine semée par notre solide ascendance puritaine. La religion de nos pères nous a dominés. enfants comme l'ombre d'un arbre puissant contre le tronc duquel nous nous reposions, tandis que nous regardions avec émerveillement à travers les grandes branches qui à moitié cachaient et à moitié révélaient le ciel. un peu plus du ciel que nos aînés, mais l'arbre était sain en son cœur. Il y avait en lui une vie qui ne pourra jamais être perdue pour le monde.

En lisant cette charmante biographie, on est impressionné par la doctrine stricte sous laquelle Lucy Larcom a été élevée. La théologie de Miss Ober était plus libérale. L'église des Fermes a été établie en 1829 sous les auspices de la première paroisse de Beverly, (unitaire), elle s'appelait simplement «d'Église chrétienne» et il a fallu quelques années avant qu'elle ne devienne baptiste. Mlle Ober était un membre actif et dévoué de l'église et une bonne aide dans le travail paroissial.

Il semble que leur intérêt commun pour l'église et leur amour pour les fleurs aient d'abord dû l'attirer vers M. James Beatty Dow, avec qui elle s'est mariée en 1889. M. Dow était un Écossais avec les vertus de cette race. Bien sûr, il avait une bonne éducation, il était jardinier de profession et réussi. Outre son travail pour l'église et l'école du dimanche, il s'intéressait aux affaires civiques ; à un moment donné, il était représentant à la Grande et Cour Générale et il était membre du Comité Scolaire de Beverly.

Mme Dow n'abandonna l'école que dix ans après son mariage, mais elle accorda plus d'attention, avec autant de succès, aux tâches ménagères et sociales. Miss Miller, son amie du temps de l'école de Wilmington, était une invitée constante et bienvenue. Ils aimaient les livres, ils lisaient et jouaient ensemble, ils formaient des clubs de lecture pour discuter des œuvres importantes et appréciaient la poésie et la bonne fiction. Il y avait des éclairs d'esprit et une légèreté dans l'approche de Mme Dow qui n'étaient pas du tout anglaises, ils peuvent être attribués à son ascendance Larcom. Les Larcoms étaient les La Combes du Languedoc, des Huguenots qui se sont échappés au Pays de Galles, ont ensuite déménagé sur l'île de Wight, et de là sont venus en Nouvelle-Angleterre à bord du navire Hercules en 1640. Les Obers sont venus d'Abbotsbury en Angleterre au début, il y a tous raison de croire qu'ils étaient aussi d'origine huguenote, du nom "Auber", mais cela n'est pas prouvé.

Les années passèrent rapidement, la vie tranquille des Farms étant interrompue par de petites excursions au théâtre, des concerts et des visites à des amis à Boston, avec des voyages occasionnels dans les White Mountains, à New York et ailleurs. Il y avait des intérêts, des réalisations et des plaisirs sans fin. La guerre mondiale a apporté chagrin et tragédie et abondante occasion de sympathie et d'action; par personne n'était un intérêt plus sain pris dans toutes ses phases que par Mary Dow.

Comme le temps passait et que la force diminuait, Mme Dow ne vieillissait jamais ; elle a plaisanté sur ses "infirmités" mais nous ne les avons pas vues. Elle les maîtrisa et poursuivit jusqu'au bout ses intérêts et ses devoirs actifs et vifs.

Au cours de l'hiver 1919-1920, M. Dow fut très malade. Sa femme le soignait avec trop de dévotion et ses forces cédaient. Heureusement, elle a été épargnée d'une longue maladie, elle est décédée le 11 juin 1920. M. Dow s'est attardé jusqu'au 16 septembre.

C'est la fin de l'histoire, ou est-ce le début ?

ANCIEN JOUR À BEVERLY FARMS

En écrivant ces souvenirs aléatoires des vieux jours à Beverly Farms, je ne voulais pas dire qu'ils devaient être égoïstes, mais malgré mes bonnes intentions, je crains qu'ils ne le soient. Vous voyez qu'il est presque impossible de se séparer de ses propres souvenirs ! Je m'en remets à la merci de la Cour !

ÉTÉ 1916.

Nous avons un petit club de lecture ici à Beverly Farms. Nous lisons tout ce qui arrive, du Dickens de Chesterton à "La femme qui était fatiguée à mort", entrecoupé de *vrais* poèmes de "North of Boston". J'appartiens au Club. J'en suis le membre le plus âgé, en fait, je suis la personne la plus âgée de la Nouvelle-Angleterre - les jours de tempête ! Quand il fait beau et que le vent est du sud-ouest, je suis assez jeune pour avoir une paralysie infantile !

Un jour, en mon absence forcée du Club, mes collègues ont conspiré contre moi et, sans égard à mes sentiments, m'ont choisi pour écrire quelques souvenirs du vieux Beverly Farms. D'où ces larmes ! Elsie Doane appartient à ce club. Elsie a environ un demi-siècle *derrière* moi, si vous permettez à la Family Bible de savoir quoi que ce soit sur une chose aussi indifférente que l'âge. Elle était l'un des rares enfants sous ma garde quand elle était élève et que j'étais enseignant, qui avait un véritable amour pour la littérature pour l'amour de la littérature, et nous avons passé de bons moments entre amis quand il y avait de l'orage et nous avons apporté le dîner à l'école, et l'avons mangé paisiblement dans une atmosphère qui sentait bon le four qui fuit et les beignets frits, malgré les fenêtres ouvertes.

Ça ne sent plus comme ça maintenant, car M. Little a fait de l'école de ce jour-là une jolie résidence d'été pour quiconque y habitera. Elsie promet de me corriger chaque fois que je m'égare sur ce qui s'est passé à l'ancienne Beverly Farms, à quoi elle ressemblait, quelles légendes elle avait, comment ses habitants vivaient et se comportaient, et ainsi de suite, et ainsi de suite. C'est une petite chose rusée, et je soupçonne que lorsqu'elle sera terrassée par mes souvenirs, elle fera appel à sa mère, qui, dit-elle, est plus âgée qu'elle ! Nous ne promettons aucune cohérence dans nos histoires. Ce sera un peu un hachis que nous donnerons à nos auditeurs dans lequel il sera difficile de décider si c'est "du poisson, de la chair, de la volaille ou du bon hareng rouge". Mais nous n'avons pas de journaliste dans notre Club, alors nous laissons libre cours à nos souvenirs.

J'aimerais souvent pouvoir attraper et fixer, par le kodak de la mémoire, certaines des célébrités de mon enfance, dans ce petit village.

Quel personnage, par exemple, était l'oncle David Larcom ! Parmi les vieux puritains qui furent ses ancêtres, et parmi lesquels il fut élevé, quelle constante surprise il dut être ! Certes, aucun héros d'un roman dime n'aurait pu faire des choses plus surprenantes et audacieuses. Il a pris la mer dans sa jeunesse et s'est éloigné du village pendant trois ans. Pendant ce temps, il en avait vu et expérimenté assez pour satisfaire Tom Sawyer ; il avait joué avec les Lascars indiens et acquis un goût pour le curry et le poivron rouge qu'il n'a jamais perdu. Et avec l'amour pour une alimentation stimulante, il a acquis un amour pour les histoires stimulantes, et pouvait tirer le plus long type d'arc innocent, qui portait loin et ne blessait jamais personne.

Qui pourrait oublier ses histoires de serpent de mer et sa vie sur le vieux brick anglais ? « A-t-il atteint le vieux brick anglais ? son fils farfelu s'enquérait, tandis qu'il écoutait depuis une pièce voisine.

Il a donné un merveilleux vieux miroir, magnifiquement sculpté, avec une tête de lion en bas, et un garçon à califourchon sur une oie en haut, avec des feuilles et des grappes de raisin sur les côtés, et du verre, me semble-t-il, presque un Un pouce d'épaisseur. Il est maintenant suspendu dans le salon de son possesseur restauré dans sa beauté primitive et portant une inscription indiquant qu'il provenait de l'épave de la "Schooner Hesperus".

Oncle David a dit ce fil quand il a donné le beau miroir. Personne n'avait jamais entendu parler de ce lien avec la goélette Hesperus. Ma propre impression est que le miroir a été apporté à l'ancienne maison, que je possède maintenant, par tante Betsey Larcom, l'arrière-grand-mère d'Elsie Doane. Cher vieil oncle David ! Parfois, sa langue n'était pas un choix, mais comme son cœur était grand !

Après avoir déroulé ses pieds marins et s'être installé dans une équipe légèrement parfumée à l'agriculture, y a-t-il jamais eu un voisin plus généreux ou plus gentil?

Les gens le trompaient souvent, en fait, il semblait presque aimer être trompé.

Sa patiente épouse a un jour fait remarquer qu'il voulait toujours donner ses propres affaires et acheter des choses plus chères que les gens ne le demandaient. Il correspondrait à l'armée de l'oncle Toby en Flandre pour blasphème, mais il irait des kilomètres pour aider un ami malade, ou, (et c'est à mon avis, le dernier test d'amitié chez un propriétaire de chevaux) tourner son vieux "Bun" sur la nuit la plus orageuse qui ait jamais fait rage, pour aider un frère à gravir une colline. Et quand ses propres râteaux, charrues et fourches ont-ils jamais été à la maison ? N'étaient-ils pas toujours prêtés quelque part ? Quelle vénération pour toutes les choses sacrées, jusque dans le fond de son grand cœur, il a toujours eu ! Comme il était déférent envers *les ministres* ! Comme il serait en colère contre toute rupture inutile du " *Sahbath* " comme il l'appelait. Comme il lisait régulièrement (bien qu'il n'irait pas à l'église) toute la journée et toute la soirée du jour du Seigneur - prenant son livre la nuit, où il le laissait pour nourrir ses "critturs", et tenant sa lampe à huile de sperme dans sa main alors qu'il terminait sa journée de repos. Certaines de ses expressions me restent à l'esprit comme, par exemple « De juillet à l'éternité », pour indiquer sa lassitude face à quelque chose de trop prolongé. Il aimait exagérer aussi bien que Mark Twain, comme lorsqu'il avait l'habitude de souhaiter, lors d'une nuit furieusement orageuse, qu'il était loin sur Half Way Rock, en faisant toujours attention à avoir un feu formidable et un pichet de cidre à portée de *main* . , avant d'en exprimer le désir. Le souvenir de son père bon et religieux était toujours avec lui, et quand il était dans un état d'esprit particulièrement sympathique, il chantait des bribes des vieux airs qu'il avait entendus son père chanter :

« Le Seigneur entre dans son jardin

Les épices donnent leurs riches "Perfooms"

Les lys grandissent et prospèrent"

était l'un de ses favoris.

Son beau visage bienveillant, sa taille énorme, son rire qui était dix rires en un, sont parmi les souvenirs clairs de mon enfance.

Et je ne peux guère mieux clore cette esquisse qu'en citant les mots de son vieux médecin de famille : « Jurez, oui, mais ses jurons valaient mieux que la prière de certains.

Je voudrais "convoquer du vaste abîme" quelques-unes des autres personnes âgées, blanches et noires, qui vivaient ici autrefois. Juste derrière l'endroit où se trouve maintenant l'écurie de M. Flick à Pride's Crossing, vivait Jacob Brower, un petit vieil homme d'origine hollandaise, avec sa femme et sa famille. Elle était une sœur de Mme Peter Pride, qui vivait dans la première maison à l'ouest de la gare de Pride's Crossing. Je me souviens de tante Pride comme d'une femme extrêmement belle, grande, brune et digne. Elle appartenait à la famille Thissell. Lucy et Frank Eldredge sont issus de cette famille, et Willis Pride, et je suppose que "Thissell's Market" revendique également une relation !

La maison suivante à l'est de la gare, de l'autre côté de la route, était une vieille maison délabrée sans peinture et noire de vieillesse, habitée par trois vieilles femmes africaines - nommées Chloe Turner, Phillis Cave et Nancy Milan, toutes veuves.

La maison, après que le chemin de fer l'ait coupée de la route principale, était si près de la voie qu'on pouvait presque passer du seuil rocheux aux rails, et la vieille structure folle tremblait chaque fois qu'un train peu fréquent passait, nous avions quatre trains pour Boston quotidien alors. Je me souviens de l'odeur de la vieille maison et de la façon dont les escaliers branlants craquaient sous les pieds.

Lorsque mon arrière-arrière-grand-père, David Larcom, a épousé la veuve de John West et l'a amenée chez lui (maintenant chez Gordon Dexter), elle a amené avec elle, dans le cadre de sa dot, une femme noire, un personnage remarquable, nommé Juno Freeman. Cette femme était la mère d'une famille nombreuse. Le père de Mary Herrick West était un capitaine Herrick et il a amené Juno, un esclave de Caroline du Nord dans son navire.

Les enfants de Juno ont pris le nom de Larcom et sont restés comme propriété d'esclaves dans la famille Larcom, jusqu'à ce qu'ils aient été vendus à l'époque de mon arrière-grand-père. Mon oncle Rufus m'a dit que cet ancêtre, Jonathan Larcom, était vif et, apprenant que tous les esclaves du Massachusetts devaient être libérés, il a *vendu* le sien.

La vieille maison que j'ai mentionnée a été donnée à Juno Larcom, elle se trouvait sur le terrain connu sous le nom de "pâturage de la porte" et des années plus tard, lorsque M. Franklin Haven a voulu y ouvrir une avenue, il a pris un loyer foncier de mon beau-père, David Larcom, a fait démolir la vieille maison et a mis une petite maison pour Nancy Milan (qui était alors la seule survivante des trois vieilles veuves) juste à côté de ma place, du côté est, et là tante Milan est morte paisiblement au printemps de 1869.

La mère de tante Milan, Phillis Cave, a été amenée à Danvers dans la botte de la chaise du juge Cave, puis a dérivé d'une manière ou d'une autre jusqu'à Beverly. La fille du juge Cave, Maria Cummins, a écrit le "Lamplighter", un livre très populaire dans cette région, à son époque. Phillis travaillait dans les meilleures familles de Beverly, les Rantoul, les Endicott et autres, et avait l'habitude de marcher jusqu'à Beverly, de travailler toute la journée et de rentrer à pied le soir. Je me souviens m'être demandé si tout le lavage qu'elle faisait avait rendu les paumes de ses mains tellement plus blanches que le reste d'elle.

Tante Chloé et tante Milan étaient de vieilles choses assez paresseuses, mais tout le monde les aimait et contribuait avec bonne humeur à leur soutien. Après que tante Milan soit descendue vivre chez nous, M. Asa Larcom et mon beau-père lui ont fourni une bonne partie de sa vie, et la ville lui a donné cinquante cents par semaine. Elle n'a jamais entendu parler de la pauvre maison. Partout où tante Chloé a obtenu les bonbons et les noix qu'elle avait toujours sous la main pour les enfants, je ne peux pas imaginer. Elle portait une capuche en citrouille (un couvre-chef en laine ou en soie rembourrée, avec un petit volant dans le dos) et les noix du Brésil étaient retirées de l'arrière de la capuche. Mon frère David a dit qu'il avait l'habitude de manger des bonbons dans le même récipient, mais il était un Larcom et avait de l'imagination !

La vieille maison de réunion en brique avait un banc en bois construit à l'étage près du chœur, et là ces trois personnes noires s'asseyaient, tous les dimanches, à travers leur vie paisible. Je pense que c'était un truc assez bas de ces vieux baptistes, d'autant plus que les dames en question étaient toujours assises à nos tables.

Nous, les anciens habitants de Beverly Farms, les Obers et Haskells et les Woodberrys et les Williamses et les Larcoms, sommes assez hargneux quant aux relations, et je tombe toujours sur un nouveau parent d'une manière étrange.

Par exemple, Miss Haven m'a donné l'autre jour l'évaluation de la succession de mon arrière-grand-père, ce même David Larcom de l'époque des esclaves. Il mourut en 1779 en possession de 899 livres sterling, toutes en biens immobiliers. J'ai trouvé dans l'évaluation et le règlement parmi ses enfants, que ma vieille amie Mme Lee et moi avons probablement un ancêtre commun, Jonathan Larcom. Cela nous amuse, car nous n'avons jamais trouvé de trace de mélange de sang. J'imagine qu'il serait assez difficile de trouver deux vieux fermiers de Beverly qui ne soient pas apparentés. Ma principale fierté dans le vieux journal est qu'il énonce, par-dessus la signature du juge des successions d'Ipswich, qu'un Larcom valait autrefois environ 5 000 $! (La succession de son frère a été évaluée à 219 £ 15 shillings. 6d. Ed.)

Ma bonne voisine, Mme Goddard, est venue hier soir et m'a apporté un bouquet parfumé de thym, de romarin, de marjolaine et de sauge, ce qui me rappelle que je n'ai pas encore essayé de décrire le jardin de tante Betsey Larcom en ces temps anciens.

L'herbe rayée pousse toujours dans un coin de mon jardin - les mêmes racines qui étaient là dans mon enfance, et jusqu'à il y a environ un an, le vieux buisson de lilas qu'oncle Ed. Larcom a cueilli des fleurs quand il était petit garçon, était là aussi. Le jardin de tante Betsey était une belle combinaison d'utilisation et de beauté. Tout le long du mur de pierre poussaient des buissons à fleurs rouges et dans les longs lits se trouvaient de l'hysope (elle l'appelait *isope*) et de la rue et des soucis et de l'herbe à chat et de la camomille et de la sauge et de la marjolaine douce et des martinos. Les martinos étaient de drôles de choses avec une belle fleur malodorante qui ressemblait à une orchidée, et quand les fleurs tombaient, succéda un fruit de forme étrange, avec des épines et une longue queue, qui était utilisé pour les cornichons. Ensuite, il y avait des tasses de roi, une renoncule glorifiée et une jolie petite fleur bleue appelée "Étoile de Bethléem" et quatre heures. Ici, je tiens à dire que Frank Gaudreau a plus de variétés de quatre heures que je n'aurais jamais supposé connues des amateurs de fleurs et je pense qu'il mérite les remerciements du village pour son joli jardin.

Toutes les différentes herbes ont été soigneusement rassemblées par tante Betsey, attachées en bottes et suspendues aux chevrons du vieux grenier. Parfois, j'ai l'impression de les sentir maintenant par une journée humide, et j'aime à rappeler la chère vieille dame en tyer et casquette, occupée avec ses simples. J'aime à la considérer comme ma divinité tutélaire car j'en suis venu à l'aimer profondément, bien que je sois sûr que lorsque j'ai atterri chez elle pour la première fois, j'ai été une grande épreuve. Elsie Doane se souvient d'un autre jardin de cette époque où, dit-elle, on ne cueillait jamais une fleur. Je m'en souviens aussi, mais j'avais oublié qu'ils ne cueillaient pas les fleurs. Il a prospéré là où se trouvent la salle des machines et ces autres bâtiments, et Elsie *pense que* le jardin s'étendait jusqu'au poteau indicateur. L'oncle Asa Ober possédait ce jardin - l'ancêtre de Mme Lee et Mme Perkins et Mme Hooper et Helen Campbell, et de nombreux autres de nos villageois qui disparaissent rapidement. Ses deux belles-filles étaient cousines de ma mère, et elles tenaient une petite boutique dans une aune qui allait de la maison à la rue, où elles faisaient de la couture et de la chapellerie.

Juste en face de la boutique se trouvait le jardin tout clôturé, mais j'avais le droit de passage car je pouvais chanter ! Et chaque fois que j'apprenais une nouvelle *musique* à l'école de chant de Joe Low, j'étais appelée à jouer le rôle de prima donna pour les deux dames.

Il y avait des concombres dans l'extension du jardin et des artichauts près des vieux murs.

Mais mes regrets ne sont pas pour les jardins. Nous avons des jardins maintenant, mais personne ne peut ramener les beaux champs, qui s'étendent des bois à la mer, où paissaient les vaches et les bœufs. Personne ne peut ramener les ruisseaux, aujourd'hui pollués et transformés en fossés. Personne ne peut ramener les bords de route bordés de roses sauvages, maintenant tunnelés et haricot de toute beauté. J'aime certains de nos gens d'été, en particulier ceux qui n'ont pas touché à leurs mains et n'ont pas enlevé les anciens repères, mais j'ai du mal à pardonner le haricot et le cimentage. Regardez la charmante ancienne Sandy Hill Road (West Street). Au cours de ces heureux champs d'été des jours anciens marchaient James Russell Lowell et sa belle fiancée, Maria White. Plus tard, il revint, mais sans elle. Parmi ces anciens premiers visiteurs de notre Shore se trouvaient John Glen King et Ellis Gray Loring. Ces deux messieurs ont épousé des sœurs, des femmes du Sud je pense ; ils ont apprécié notre cuisine de la Nouvelle-Angleterre. Mme King, un jour, a demandé à ma tante, Mme Prince, si elle pouvait leur donner un dîner de poisson salé, avec une sauce Essex. Mme Prince savait tout sur un dîner de poisson salé, mais la sauce Essex l'a terrassée et elle a humblement reconnu son ignorance. "Oh," dit Mme King, "c'est très simple. Vous prenez de fines tranches de porc gras et vous les faites frire." Mme Prince a ri et s'est rendue dans sa cuisine pour préparer une « trempette au porc ». Mme King aimait aussi un pudding aux myrtilles cuit à la vapeur et elle a dit "Et s'il vous plaît, Mme Prince, faites-en toutes les myrtilles, avec juste assez de farine pour les maintenir ensemble." Nous avons obtenu quatre ou cinq cents le litre lorsque nous avons cueilli ces mêmes myrtilles. Je n'avais pas un très gros compte en banque dans ce sens, à cause de ma courte vue, et de ma préférence pour la fabrication de violons de tiges de maïs au couteau. Je me souviens d'en avoir fait un un dimanche matin, sans être interrompu par le "chien du sabbat" qui était censé guetter les briseurs de sabbat.

Diagonalement en face de ma maison vivait M. Nathaniel Haskell, un petit vieux monsieur, qui portait un habit bleu coupé, avec des boutons sur la queue, sur lequel, par temps frais, il mettait une veste en feutrine verte. Comme il avait l'air drôle. Il s'intéressait à ce qu'il appelait le *tarif*, et il avait terriblement peur de la foudre. Je me souviens de toute la famille entrant dans notre salle à manger chaque fois qu'un nuage particulièrement sombre apparaissait. Je ne pense pas qu'il reste ici un seul descendant de "l'oncle Nat", bien qu'il y ait eu une grande famille.

Il y avait une presse à fromage dans notre arrière-cour et "changer le lait" était un excellent plan. Une semaine, tout le lait de quatre ou cinq fermes nous serait envoyé et ma mère ferait un délicieux fromage à la sauge.

Puis, la semaine suivante, tout le lait irait chez "Oncle Nat", et ainsi de suite, jusqu'à ce que tous les propriétaires de vaches soient approvisionnés en fromages, dûment graissés avec du beurre et mis à sécher sur des étagères, un spectacle à faire sourire le prophète. .

J'aimerais pouvoir obtenir une photo de Beverly Farms telle qu'elle apparaît dans les yeux de mon enfant. Je suis venu sur "la route", comme l'appelaient mes parents maternels, quand j'avais cinq ans. Ils vivaient dans ce paradis maintenant occupé par des millionnaires, la région qui détient la place Gordon Dexter, la place Moore, la place Swift et une partie de la place Paine. A cette époque, toute la section était constituée de longs champs verdoyants bordés de bois, le "ruisseau à bûches" le traversant. Il y avait alors trois routes à Beverly Farms, la route maintenant appelée Hale Street, la belle ancienne Sandy Hill Road (West Street) et la Wenham road (Hart Street). Mes deux maisons après le veuvage de ma mère étaient chez Gordon Dexter et dans l'ancienne ferme de mon père, à Mingo's Beach (où vivait l'évêque McVickar). Il y avait une vingtaine de maisons à cette époque, entre Beach Hill et Saw Mill Brook. C'était West Farms et l'école se tenait juste en arrière de la gare de Pride's Crossing - ensuite retirée à l'endroit où elle se trouve maintenant comme une maison d'habitation, occupée par les héritiers de Thomas Pierce.

Il n'y avait alors pas de chemin de fer et la route principale passait par les serres de M. Bradley, et le long de l'emplacement actuel du chemin de fer, sortant près de l'école. Cette partie de Hale Street où se trouve l'église catholique était alors Miller's Hill, un pâturage, où j'ai souvent essayé de cueillir des baies. Le chemin de fer est arrivé en 1845. Les petites cabanes où les ouvriers qui construisaient la route vivaient temporairement avec leurs familles, étaient une grande curiosité. J'avais l'habitude de m'enfuir et de regarder dedans et je me souviens de leur odeur. Ma mère, qui a fait le travail de vingt femmes chaque jour presque aussi longtemps qu'elle a vécu, fabriquait des "doudous" noués pour ces baraques. Notre façon de nous rendre à Beverly et Salem était en diligence entre Gloucester et Salem. Au cours de mes quelques voyages dans ces ravissants véhicules, j'avais l'habitude de grimper sur le siège supérieur et de m'asseoir avec M. Page, l'aimable chauffeur, qui fut l'un de nos premiers conducteurs sur le chemin de fer.

Dans la maison où je vis maintenant ma vie heureuse, j'ai été amené à cinq ans. Je pouvais alors lire aussi bien que je peux maintenant. J'ai trouvé dans cette vieille maison une mansarde, une belle mansarde, où des fagots d'herbes pendaient aux chevrons, et où des livres, des livres à gogo s'étaient amassés dans de vieux coffres marins. Imaginez ma joie, à la découverte, un jour de lettre rouge, de Christopher North, "Lumières et ombres de la vie écossaise".

Il y avait d'autres livres moins bien adaptés à l'éducation d'un enfant, mais c'étaient tous des poissons qui venaient à mon filet, et j'ai tranquillement lu jusqu'à ma dixième année, "Le calendrier criminel", "Contes de naufrages", "Barber's" Massachusetts historique », « Philosophie morale » de Paley, « Course of Time » de Pollock, « Alarm to the Unconverted » d'Alleine, « Pamela » et « Spectator » de Richardson ! Quelques années plus tard, quand j'eus lu les couvertures de cette collection hétéroclite de livres, quelques-uns des premiers estivants, les anciens Lorings et Kings, je crois, installèrent une petite bibliothèque dans la maison de l'oncle Pride et nous donnèrent Rollo Stories de Jacob Abbott et un quelques autres délices. S'il vous plaît, imaginez-vous la "lumière d'autres jours" par laquelle la lecture, la couture et le tricot des anciennes fermes de Beverly se poursuivaient la nuit.

Heureusement, il y avait autant de lumière du jour alors que maintenant. La lampe qui illuminait mes soirées d'enfant était une lampe en verre, qui contenait environ une tasse pleine d'huile de baleine, "l'huile de sperme", comme on l'appelait. Il y avait deux tubes métalliques au sommet de cette lampe, à travers lesquels dépassaient deux mèches de coton. Ces mèches peuvent être relevées pour plus de lumière ou abaissées pour plus d'économie, au moyen d'une épingle. Aucune protection n'était offerte contre la flamme, et mes cheveux étaient brûlés devant la plupart du temps, alors que je me rapprochais avec un livre ou un bas, de cette illumination. L'une des utilisations de l'ancienne lampe à huile était médicinale. S'il y avait un enfant croupy dans la maison, il pouvait être traité immédiatement, en l'absence de médecin, par une dose de la lampe sur la cheminée. Je me souviens que mon frère béni David était servi de cette manière. Après cela, vint la lampe à fluide, avec un mélange alcoolique dangereux, mais propre.

En chassant parmi les ancêtres, je me souviens parfois de l'histoire du mariage du Dr Samuel Johnson. La dame à qui il a proposé, a hésité un peu. Elle a dit qu'elle avait un oncle qui a été pendu. Le Dr Johnson lui assura que cela ne faisait aucune difficulté, car il ne doutait pas qu'il en avait plusieurs qui auraient dû être pendus. Je me souviens de mon dégoût en découvrant que j'étais lié par ma grand-mère maternelle, Molly Standley, à "Tante Massy". Tante Massy (son vrai nom était Mercy) était une femme légèrement folle, aux cheveux gris et corpulente, qui vivait juste avant d'atteindre la fontaine au sommet de la colline, sur Hale St. Il y avait un puits avec un treuil et un seau. d'un côté de son ancienne maison et tante Massy s'appuyait au rebord du puits et injuriait les passants. Elle se souvenait de toutes les choses méchantes que ses parents avaient faites, et comment elle pouvait gronder ! J'étais souvent envoyé à l'épicerie de M. Perry où se trouve maintenant Pump Cottage et j'avais l'habitude d'essayer de me débrouiller sans entendre sa voix élevée. Mais si j'avais une nouvelle robe, il n'y avait pas d'échappatoire.

Les deux districts que j'ai mentionnés (East et West Farms) étaient divisés par "Saw Mill Brook", le petit ruisseau à moitié étranglé qui filtre maintenant sous la route entre les maisons de M. Hardy et de M. Simpkins. C'était un beau ruisseau à l'époque, une eau claire coulant à travers les champs, avec des truites dedans. La scierie devait se trouver à peu près à l'endroit où se trouve maintenant cet ensemble de maisons d'habitation.

"L'enfant dans l'étang du moulin" appartient à l'histoire légendaire de Beverly Farms.

En descendant la colline vers Beverly, les cris les plus terribles se faisaient souvent entendre, mais si l'on traversait le ruisseau jusqu'à West Farms, tout était silencieux. Je n'ai jamais entendu ces cris, je me suis bien gardé de me faire prendre là-bas après la tombée de la nuit. J'aurais aimé voir le petit hibou qui, sans doute, avait sa maison tranquille derrière le moulin, et chantait sa chanson du soir, après que le meunier eut fermé ses portes. Nous, villageois, avons une question à poser à tous nos amis d'âge incertain : « Vous souvenez-vous de la scierie ? Si, par inadvertance, ils avouent à sa connaissance, cela règle la question de l'âge. C'est aussi bon qu'une Bible familiale.

Mlle Culbert m'a montré l'autre jour, une grande trouvaille, le reste de la "Third Social Library of Beverly". Je n'avais jamais entendu parler d'une telle bibliothèque et j'étais très intéressé. Il se trouve maintenant dans notre belle bibliothèque secondaire, dans une jolie bibliothèque faite par l'un des Obers, chez qui la bibliothèque a été placée. Je veux dire l'ancienne maison de Joseph Ober qui s'élevait là où se trouve la maison de Mme Charles M. Cabot.

Elsie n'habitait pas alors en face de cette maison, mais elle allait y habiter. J'ose dire qu'elle ne lirait aucun de ces livres, pas plus que moi. Les livres datent de 1810, et beaucoup des noms honorés que j'ai mentionnés sont là, tous écrits d'une belle écriture, et avec une taxe de dix cents en face de leurs noms, pour l'exploitation de cette petite bibliothèque. Il y a deux sermons du bien-aimé Joseph Emerson, qui a prêché à Beverly avant qu'il y ait une église ici, un sermon funéraire prêché à l'occasion de la mort du grand-père du Dr Perry, des tas de sermons de Jonathan Edwards, de grands paquets de magazines religieux, et d'autres antiquités intéressantes. Pas une histoire, aucune fiction d'aucune sorte. Nos ancêtres se nourrissaient de viande forte. Parmi les curiosités figurent plusieurs lettres de pères anxieux de Boston, faisant la protestation la plus vigoureuse et la plus pathétique contre un projet de *deuxième* théâtre à Boston sur Common Street.

Un deuxième théâtre à Boston ! Les âmes des jeunes en péril ! On soupire en pensant à ce que ces bons pères auraient dit s'ils avaient pu écarter le rideau de l'avenir et voir la petite Beverly avec une foule d'enfants accompagnés de leurs pères et mères et oncles et tantes et cousins, tous se déversant dans les "films !" " (Un de ces films porte le nom de Lucy Larcom !) Il faut continuer, et maintenant nous essayons d'espérer que du bien sortira des "films !" Si notre petite bibliothèque religieuse était la "Third Social", il devait y en avoir deux autres dans le vieux Beverly.

Je veux que vous vous souveniez d'un dimanche de cette époque où même une promenade dans les bois ou à la plage était mauvaise, où les seuls livres qu'il était bon de lire étaient des livres religieux, où il y avait trois services religieux chaque dimanche et des services assez terriblement longs. Mon cousin, ma sœur et moi avons grimpé une longue échelle jusqu'au troisième étage de notre grange, parmi les nids de pigeons, et, blottis dans le foin, avons produit un roman, un vrai roman, une chose insipide, *qu'aucun* argent pourrait m'engager pour lire aujourd'hui, et avec des chuchotements silencieux lire ce livre *méchant* . Nous étions dans une terreur mortelle que "Tante Phebe" ne soupçonne notre profonde dégradation, et "Tante Phebe" n'était pas non plus une ennemie. C'était une belle, grande et gentille femme, comme Mme Crowell, sa belle-fille, l'attesterait volontiers.

Quelqu'un dont la mémoire remonte comme celle d'Elsie Doane et la mienne doit se souvenir de l'ancienne maison de réunion en brique. Mes souvenirs en sont assez flous et j'imagine qu'Elsie devra remonter plus loin que sa mère pour obtenir des informations sur ce beau spécimen d'architecture. Elle n'avait ni coupole ni flèche et devait être assez laide. Ce devait être la deuxième maison de réunion, dans laquelle je me souviens du bel alto que la mère de Mme Otis Davis avait l'habitude de chanter. Je n'oublierai jamais à quel point mes oreilles enfantines ont été touchées lorsqu'elle a chanté "Oh, quand tu es la ville de mon Dieu, j'élèverai tes cours" alors que le chœur rendait l'hymne "Jérusalem".

En parlant de maisons de réunion, notre troisième et actuelle, l'un des bâtiments les plus beaux et les plus "de repos" dans lesquels on puisse adorer Dieu, est un mémorial durable du goût et du génie de notre bien-aimée Mme Whitman. A elle et à M. Eben Day, nous devons sa beauté ; et c'est aux anciens membres généreux de l'église que nous devons son existence, car ils ont donné gratuitement à sa construction.

Le premier ministre dont je me souviens bien était M. Hale, qui vivait avec sa famille dans la maison qui appartient maintenant à Mlle Lizzie Hull. Mon beau-père lui a acheté un cheval et l'a nommé "Sumner". C'était le prénom de M. Hale. Je me suis souvent demandé comment M. Hale se sentait d'avoir un cheval nommé pour lui, mais je suis sûr que l'oncle David voulait dire que c'était un compliment.

En ces jours lointains, nous avions un ermite à nous. Il serait plus préjudiciable à une revendication de jeunesse, de la part de mes lecteurs, de se souvenir de "Johnny Widgin", que de se souvenir de la scierie.

Une fin d'après-midi, sortant avec mes camarades de jeu de l'avenue de M. Gordon Dexter, puis de l'allée de mon grand-père, nous avons vu une silhouette des plus grotesques, debout près de "Rattlesnake Rock", juste de l'autre côté de la voie ferrée - un homme grand, d'environ cinquante ans, pour nous, bien sûr, "un vieil homme". Son pantalon, dont je me souviens parfaitement pendant toutes ces années, était d'une sorte d'étoffe autrefois blanche, avec de petits nœuds de ruban rouge et de soie cousus partout. Il nous a parlé doucement mais nous étions tous terrifiés et avons couru à la maison aussi vite que nos jambes pouvaient nous porter. Cet être singulier allait et venait ensuite dans le village pendant plusieurs années, cuisinant ses propres petits désordres infects sur les poêles des femmes bienveillantes, dormant dans des granges, répétant chapitre après chapitre l'Ancien Testament pour l'édification de ses auditeurs, et toujours doux et gentil. Je me souviens de sa récitation du dernier chapitre de Malachie commençant par "Et ils brûleront tous comme un four." Il était, sans aucun doute, légèrement fou et d'origine scandinave, mais personne n'a jamais rien su de précis à son sujet. Il a vécu une partie de son temps, par temps chaud, dans un trou ou une grotte de rochers, sur la plage qui appartenait autrefois à M. Samuel T. Morse, en dessous de celle du colonel Lee. Il a eu une retraite similaire à York Beach. Il a finalement disparu de nos vies, personne ne savait comment. Il a peut-être été emmené dans un char de feu comme son prophète bien-aimé Élie, pour tout ce que chacun d'entre nous a jamais su de son départ de ces scènes terrestres. Il était censé être norvégien, d'où son nom "Johnny Widgin". Mon grand-père a dit que s'il ne pouvait pas prononcer "le gros de mon pouce" d'une autre manière que le "tic de mon ventre", il était norvégien. C'était réglé dans mon esprit, car mon grand-père était mon oracle. (Andrew Larcom, Grand-père Ober était décédé, NDLR)

Mon grand-père n'allait pas beaucoup à l'église mais il aimait sa Bible et son livre de psaumes et d'après plusieurs choses dont je me souviens à son sujet, je pense qu'il était unitaire dans la croyance, bien qu'à cette époque je ne connaisse pas un unitaire d'un chat noir, et chaque fois que j'en entendais parler, je supposais qu'il devait être un être terrible. J'étais une femme adulte, quand un jour, parlant de Starr King et de son amour pour les White Hills et de sa loyauté à maintenir la Californie dans l'Union pendant la guerre civile, la femme à qui je parlais a dit "Eh bien, il n'était pas un homme bon." "Ce n'est pas un homme bon," dis-je. "Pourquoi" dit-elle, "Vous savez qu'il était un Universaliste." Nous nous sommes un peu améliorés depuis ce temps dans la tolérance, mais nous devons nous améliorer un peu plus.

Mes oncles maternels étaient de grands chasseurs. Les renards, les visons et les marmottes étaient nombreux à cette époque et bon nombre d'entre eux sont tombés dans les pièges de mes oncles. Je me souviens d'avoir fait des remontrances à mon oncle "Ed Larcom", à propos des pièges, lui disant que c'était cruel, et que je ne voyais pas comment un homme bon comme lui pouvait gagner sa vie de cette façon. "Oh," dit-il, "Ils ont été faits pour moi!" La Bible ne dit-elle pas : « Et il dominera sur les poissons de la mer, et sur les oiseaux du ciel, et sur tout le bétail, et sur tout être vivant qui rampe sur la terre ? Mes oncles disaient tous qu'il n'y avait rien de mieux à manger qu'une bonne marmotte grasse ; que les mandrins se nourrissaient de grain et de racines et de choses propres. La manière de cuisiner était de les faire bouillir, de les farcir d'herbes et de cuire au four.

Il y a quelques années, j'ai été invitée à rejoindre les Filles de la Révolution, et pour cela à rechercher mes ancêtres. À ma grande surprise, je n'ai pas pu trouver un seul de mes ancêtres qui était lié de quelque manière que ce soit à des guerres ou à des rumeurs de guerres, et j'ai signalé que je n'avais trouvé aucun de mes proches qui ait jamais voulu tuer autre chose qu'une marmotte. . Depuis cet écrit, mon cousin, le Dr Abbott, vivant toujours, à l'âge de quatre-vingt-quinze ans dans l'Illinois, m'a informé que mon lointain ancêtre, Benjamin Ober, a fait un vaillant travail sur la mer pendant la Révolution.

Elsie Doane semble penser que ces restes d'antiquité ne seraient pas tout à fait satisfaisants sans la mention de l'épicerie de "Jim" Perry, bien qu'elle n'y ait jamais acheté une livre de café, et, si elle dit qu'elle l'a fait, elle pense qu'elle est sa mère . C'était notre seul magasin et c'était donc tout à fait une caractéristique. Il était présidé par M. James Perry, un homme grand et digne, que sa femme, dans ses divers bureaux de compagne, appelait toujours « M. Perry ». M. Perry était daltonien et chaque fois que ma mère m'envoyait chercher de la soie bleue ou du fil bleu, il choisissait toujours le vert ou le violet.

Vous vous demandez peut-être comment la soie bleue est devenue un produit d'épicerie, mais c'était en réalité un *grand* magasin. Lorsque nous recevions un demi centime, Mme Perry produisait toujours une *aiguille* , pour la monnaie exacte. Vous voyez comme nous étions honnêtes ! Cet honnête grand magasin se tenait, en fait c'était *Pump* Cottage, car je pense que Pump Cottage est le même vieux canif avec des lames et des poignées différentes. Plus haut, sur Wenham Road, vivait le diacre Joseph Williams, un beau vieux monsieur, d'un tempérament aussi ensoleillé qu'une pêche mûre. Sa maison était petite et sa famille nombreuse. Tous les Williams de cette région considéraient cette petite maison comme leur ancienne propriété familiale, et j'ai été désolé lorsque M. Doane a décidé qu'elle ne pouvait pas être rénovée, mais qu'elle devait être démolie.

Le diacre Williams avait un chien, un petit noir nommé Carlo, qui suivait toujours le bonhomme sauf le dimanche. Le dimanche, Carlo jeta un coup d'œil à son maître puis alla se coucher abattu. Mais, comme je l'ai déjà laissé entendre, quand on se souvient des dimanches de ces jours-là, un chien sensé avait vraiment le dessus. Dans une ancienne page de ces bric-à-brac de mémoire, j'ai mentionné l'oncle Ed Larcom et son penchant pour la chasse. Bon nombre d'entre nous, *aborigènes* des anciennes fermes de Beverly, se souviendront de ses propos sur *son* chien Tyler, un chien bâtard, mi-bouledogue et mi- *Terre -Neuve* , comme l'a prononcé l'oncle Ed. Tyler, selon son maître (et son maître était le conteur d'histoires le plus précis qui ait jamais vécu, racontant toujours ses histoires avec exactement les mêmes mots), était un chien des plus remarquables, comprenant ce qu'on lui disait aussi bien qu'un homme, faire un mile si on lui disait simplement d'aller chercher une veste manquante, et aussi plein d'amusement et d'astuces qu'un singe. Oncle Ed avait l'habitude de ravir son jeune public avec des anecdotes sur Tyler, et dans sa vieillesse, quand l'esprit et la mémoire ont commencé à défaillir, il était plutôt difficile de l'entendre dire : « Vous ai-je déjà parlé de mon chien Tyler ?

Il doit avoir été nommé pour John Tyler. Il était difficile pour un bon chien de porter le nom de John Tyler, l'un des présidents les plus pauvres que nous ayons jamais eu.

Il semble y avoir beaucoup d'intérêt parmi nos estivants pour les vieilles maisons encore à Beverly Farms. J'ai mentionné la maison James Woodbury qui appartient maintenant à MJS Curtis ; une autre maison très ancienne est la maison William Haskell, propriété de M. Gordon Dexter. J'ai un petit doute quant à savoir si la date sur la maison est correcte. J'ai une très forte impression que tante Betsey Larcom, née Haskell, m'a dit dans mon enfance que son père avait construit la maison dans laquelle tante Betsey est née, en 1775. Elle a également dit que lorsqu'ils ont creusé le puits à l'arrière de la maison, ils ont heurté une source et n'ont jamais pu finir de la lapider, ce qui explique qu'elle ne tarisse jamais, alors que tous les autres puits du village ont cédé. Je pense que M. Dexter l'a acheté aux héritiers de James Haskell, mais je ne suis pas en mesure de dire quelle relation James Haskell (Skipper Jim) avait avec M. William Haskell, ou comment il en est entré en possession.

Je me demande combien de personnes il reste maintenant à Beverly Farms qui ont déjà goûté des aliments cuits dans un four en briques. Je suis sûr qu'il n'y en a pas beaucoup. Mais ceux d'entre nous qui ont mangé un pudding indien ou une marmite de fèves au lard provenant de cette ancienne source d'approvisionnement n'oublieront jamais le délice de ce genre de cuisine.

Le pudding se tenait droit dans sa casserole de terre, une masse tremblotante rouge et alvéolée, entourée d'une mer de jus à manger avec de la vraie crème riche en caillots de beauté. Les haricots seraient bruns et entiers, avec le porc croustillant séché à la maison sur le dessus. Cette vieille cuisine de la Nouvelle-Angleterre, me semble-t-il, remplissait une grosse facture pour la santé et l'alimentation physique. Nous ne savions pas grand-chose sur les protéines, les calories et les fibrines, en fait, nous n'en avions jamais entendu parler. Mais nous avons en quelque sorte trouvé les meilleures combinaisons de goût et d'efficacité. Nous n'avions presque jamais de bonbons et nous avions rarement du pain tout en farine. Une bonne partie de la farine indienne entrait dans le pain de ma mère.

Nos amusements à cette époque étaient assez primitifs. Le jour de l'ancien scrutin, le dernier mercredi de mai, il n'y avait qu'une chose à faire. Nous, les jeunes, avions un gâteau électoral tout brillant avec de la mélasse sur le dessus et des raisins secs au milieu, et nous sommes allés à la plage et avons creusé des puits dans le sable. De temps en temps, nous chassions Mayflowers (saxifrage) et jouions autour du vieux fort laissé par la Révolution et maintenant propriété de M. FL Higginson. Les soirs, nous avions des fêtes et jouions à Copenhague et chassions la pantoufle ou tricotions les bas de famille près de nos lampes à huile tamisées. Les hivers, il y avait des écoles de chant. C'étaient de grandes alouettes si nous venions à l'argent pour acheter une copie du "Carmina Sacra" ou du "Shawm". Je pense toujours qu'il s'agissait de belles collections de morceaux, comprenant tous les vieux standbys. Le père de Mme Lee, M. John Knowlton, était un merveilleux maître de chant et un grand disciplinaire, avec une belle voix de basse. Il s'amusait beaucoup pendant la récréation, mais lorsque M. Knowlton a frappé sa cloche et a pris son violon, nous savions tous que cela signifiait chanter et pas de bêtises. Je pense que mon grand-père, Benjamin Ober, et l'arrière-grand-père d'Elsie, le diacre David Larcom, étaient aussi des maîtres de chant dans l'ancien temps, mais ni Elsie ni moi ne nous souvenons d'eux, vieux comme nous le sommes.

À partir d'un daguerréotype pris vers 1859

Au-dessus de "l'autre côté", comme nous l'appelions, dans la maison qui appartient maintenant à MJS Curtis, vivait l'oncle "Jimmy" Woodbury. Il devait être un "personnage". Il a été une fois très troublé par des rats dans sa grange. Il conçut alors un plan pour s'en débarrasser aux dépens de son voisin. Le domaine de l'oncle David Preston, où se trouve maintenant la maison de Mlle Susan Amory, était diagonalement opposé.

L'oncle "Jimmy" a écrit une lettre aux rats, dans laquelle il leur a dit que dans la grange de l'oncle David, il y avait plus de maïs et un meilleur maïs qu'ils n'obtenaient dans sa grange, et il leur a fortement recommandé de déménager. Puis l'oncle Jimmy monta la garde et, par une belle nuit de clair de lune, il eut la satisfaction de voir une longue file de rongeurs avec un vieil homme gris comme chef, traverser la route pour se rendre chez l'oncle David. (Je raconte l'histoire telle qu'elle m'a été racontée). La fille de l'oncle Jimmy, Mary, a épousé le Dr Wyatt C. Boyden, pendant de nombreuses années l'habile médecin de famille de la moitié de la ville. Les beaux Boydens de Beverly à l'esprit public sont ses descendants.

D'ailleurs, l'ancienne langue vernaculaire du village ne doit pas disparaître de la terre. C'était unique. Nos ancêtres détestaient juste prononcer correctement n'importe quel mot, même lorsqu'ils étaient d'assez bons érudits et orthographes. Ils appelaient un marais une « purée ». Le capitaine Timothy Marshall, l'homme riche de l'endroit, s'appelait le capitaine "Mashall" ; M. Osborne était M. "Osman" ; les Obers étaient des "Overs", un lilas était un "laylock" un geai bleu était un "gee" bleu, etc.

En clôturant ces papiers décousus d'autrefois à Beverly Farms, ma conscience m'accuse un peu de ne pas assez insister sur les *vertus* des villageois. Vraiment, c'était un peuple bon, intéressant, respectueux des lois et religieux. Tout le monde est allé à l'église; un clochard était inconnu ; une personne ivre était presque autant un étonnement qu'un cirque l'aurait été. Il serait injuste de les classer comme des pêcheurs et des cordonniers grossiers car ils sont issus de la vieille ascendance puritaine, qui ont construit leurs églises et leurs écoles à un endroit pratique, avant de s'occuper de quoi que ce soit d'autre, et ils ont payé leurs dettes si rapidement que M. William Endicott, le bon marchand de Beverly, disait qu'il n'hésitait jamais à vendre à crédit aux gens des "Farms". Au fur et à mesure que l'on arrivait à la vie moyenne, presque chaque chef de famille avait son cheval, ses vaches et souvent un attelage de bœufs. Notre moyen de transport préféré pour aller à l'école, dans les neiges épaisses, était un attelage de bœufs avec des poteaux sur les côtés du traîneau, où nous nous sommes accrochés avec des cris et des éclats de rire.

Personne n'a pensé à embaucher une *infirmière* en cas de maladie grave. Les *voisins* sont venus avec des mains volontaires et ont aidé. C'était un petit hameau paisible, avec des habitants gentils, directs et honnêtes, et le petit reste d'entre nous qui reste a des raisons d'être fier de son ascendance.

Elsie nous a répété l'autre jour l'épitaphe sur la pierre tombale de son arrière-grand-père, le diacre David Larcom, qui a bâti mon ancienne maison, qui a demandé à la ville un cimetière pour ce village et y a été inhumé en 1840, le premier à être enterré dans ses ombres paisibles : « Sa vie a montré dans une rare combinaison et à un degré peu commun toutes les excellences du mari, du père, du citoyen et du chrétien.

L'épitaphe a été écrite par Lucy Larcom, dont la maison ici était sur West Street. Après avoir quitté Beverly pour Lowell, et était une fille d'usine, elle a écrit pour le "Lowell Offering", un petit magazine publié par les gentilles ouvrières de la Nouvelle-Angleterre. Des exemplaires de ce petit magazine se trouvaient dans le magnifique grenier de ma maison quand je suis venu ici. Ils étaient probablement parfumés aux *simples* de tante Betsey qui pendaient du toit.

Comme j'aurais aimé pouvoir prévoir à quel point ils seraient précieux pour moi maintenant.

Tête agrandie d'un groupe pris vers 1899

LUCY LARCOM—UN SOUVENIR

Par Mary Larcom Dow

Extraits du Beacon, publiés à Beverly pour une association caritative le 1er novembre 1913.

Je suis fier qu'on me demande d'enregistrer certaines de mes journées agréables avec la cousine de ma mère, Lucy Larcom. Il me sera bien sûr naturel de parler principalement des six ou sept années pendant lesquelles elle a vécu à Beverly Farms, la seule fois où elle a eu une vraie maison à elle. Il m'a toujours semblé étrange que le docteur Addison, dans sa biographie d'elle, ait écarté cette partie de sa vie avec si peu de mots. Je sais que cela signifiait beaucoup pour elle.

Mon tout premier souvenir d'elle remonte à son enfance, lorsqu'elle, en tant que jeune femme, est venue chez moi (alors propriété de "Tante Betsey"), dont on parle si affectueusement dans "A New England Girlhood". Par la suite, quand j'ai acheté la vieille maison, elle m'a exprimé son grand plaisir et quand je lui ai dit que j'avais dépensé tout mon argent pour cela, elle a dit que c'était tout à fait vrai ; c'était comme la tortue avec sa carapace, une retraite.

Lorsqu'elle est arrivée ici en 1866, elle était au début de la quarantaine, une silhouette belle et gracieuse, avec des cheveux bruns abondants et un visage des plus bénins. Elle était alors rédactrice en chef de "Our Young Folks". Elle a pris plusieurs chambres ensoleillées près de la gare, presque en face de "L'autocrate plein d'esprit". Il a daté ses lettres de "Beverly Farms by the Depot", pour ne pas être en reste par ses voisins de Manchester. La maison appartenait alors au capitaine Joseph Woodberry, un gentleman raffiné de la vieille école.

Elle amena d'abord avec elle, dans ces agréables chambres, une nièce favorite qui lui ressemblait par l'allure et par le tempérament, et elle entreprit aussitôt, avec son goût exquis, de leur faire un vrai foyer. Le feu vif dans la cheminée où nous nous sommes assis et avons parlé et regardé les bûches s'effondrer et les étincelles s'éteindre, était un grand plaisir pour elle, et j'ai toujours pensé que ce beau poème "Au coin du feu" devait avoir été écrit "en ces jours-ci."

Les bois et les champs de Beverly Farms étaient alors accessibles à tous, et elle savait exactement où trouver les premiers hepaticas et les rares endroits où poussaient le linné, le rhodora et l'arethusa, et cette dernière fleur pathétique de l'année, l'hamamélis, et elle pouvait aussi les peindre.

Dans cette maison au bord de la mer, venaient des gens célèbres; Mary Livermore, Celia Thaxter, dont les poèmes balayés par la mer ont été notre grand plaisir, et bien d'autres. Je me souviens d'un grand événement lorsque M. Whittier est venu prendre le thé. Il était si doux et simple. La conversation a porté sur l'adoucissement des croyances religieuses, et il nous a fait part de certaines de ses propres expériences. Il nous a dit que lorsque Charles Kingsley est venu en Amérique, il est allé le voir à la Parker House, et alors qu'ils descendaient School Street, M. Whittier a exprimé sa gratitude à M. Kingsley pour son travail dans cette direction. M. Kingsley a ri et a dit : « Eh bien, quand je suis allé prêcher pour la première fois à Eversley, j'ai eu beaucoup de mal à faire croire à mes paroissiens que Dieu est aussi bon que le membre moyen de l'église.

Il y avait un salon confortable dans le salon de Beverly Farms, près d'une fenêtre à l'est, et par cette fenêtre était écrit "A Strip of Blue".

Je ne pense pas que Lucy Larcom ait un sens de l'humour très développé, mais elle aimait s'amuser chez les autres et s'amusait toujours de mes exagérations absurdes et des plaisanteries marines de mon frère David. Ce frère à moi lui ressemblait fortement par le visage et la carrure, et aussi par sa volonté de ne pas être pauvre. Ils seraient riches, et ils le furent jusqu'à la fin du chapitre. Ses revenus ont dû être toujours minces, mais je ne pense pas l'avoir jamais entendue dire qu'elle ne pouvait rien se permettre. Si elle voulait que son bon voisin, M. Josiah Obear, attelle son cheval rouge et se balance et l'emmène dans la campagne, elle l'a dit, et nous partirions joyeusement, rentrant à la maison, peut-être des champs d'Essex, avec une boîte de fraises pour son simple souper. Toujours la vie simple avec la nature était son souhait.

Elle était décidément démodée, et bien que je ne suppose pas qu'elle pensait que les jeux, les cartes et la danse étaient mauvais, elle avait encore un peu peur d'eux. Je me souviens que de temps en temps nous jouions à un jeu appelé rounce, un jeu aussi innocent et insensé que "Dumb Muggins" mais elle avait toujours un peu peur que le capitaine Woodberry le découvre, ce qui me plaisait énormément.

Ces agréables journées à Beverly Farms ont pris fin trop tôt et, pendant la dernière partie de sa vie, je ne l'ai pas beaucoup vue. Elle reste pour moi un souvenir aimant et serviable d'une nature sereine et enfantine, et "un cœur joyeux sans reproche ni tache", et je suis heureux de déposer cette fleur d'hamamélis de la mémoire sur la tombe de cette fille des Puritains , Lucy Larcom.

DES LETTRES

Beverly Farms,
25 avril 1893.

Ma chère Mademoiselle Baker :

Je reçois de vous des lettres si agréables que je vous aime bien, bien que j'ose dire que je ne vous connaîtrais pas si je vous rencontrais dans mon plat de bouillie étant un vieux parti si myope. Et t'apprécier, quand tu rejoins ces autres despotes et que tu restes éveillé la nuit, en pensant comment tu peux accumuler plus de travail et rendre la vie un fardeau pour les ma'ams de l'école, ça veut dire beaucoup !!

Voici Mlle Fanny Morse, maintenant, que j'ai toujours considérée comme une chrétienne et une philanthrope, me chargeant de compter et de détruire des ceintures d'œufs de chenilles pour lesquelles les *enfants* doivent avoir des prix !

Les enfants en effet ! Les prix sont du mauvais côté ! Mlle Wilkins et moi rentrons à la maison les nuits — « en train de faire la fête » — nos bras pleins de brindilles — d'où les méchants vers commencent à ramper !

Et maintenant, viens demander un arbre ! Oui, oui, cher corps, nous ferons de notre possible, seulement si vous entendez parler de mon pillage de la cour de la grange de quelqu'un pour la nourriture nécessaire dudit arbre, ou du vol d'une brouette ou d'une pioche et d'une pelle, s'il vous plaît pensez à moi à mon meilleur.

Quant à M. Dow, je dois écrire son rôle sérieusement, je suppose, car c'est un grave vieil Écossais.

Il dit qu'il utilisera une partie de l'argent - après consultation appropriée avec les élus, etc. Et il suggère qu'une partie de l'argent soit utilisée pour prendre soin du triangle et des arbres déjà plantés. Il vous écrira quand il aura décidé où mettre des arbres supplémentaires. Et si je vis toute la semaine, je vous écrirai si nous avons un arbre de 92 quelque part.

Cordialement,
MARY L DOW.

Mlle Baker était secrétaire de la Beverly Improvement Society ; ces lettres se réfèrent à son travail.—(Editeur.)

Beverly Farms, 21 mars 1899
Ma chère Mademoiselle Baker :

J'ai très envie d'aller au goûter de Mme Gidding mais je ne sors de l'école qu'à 3h30 et le train part à 3h34.

Mais après avoir obtenu mon diplôme d'une école, pour de bon et tout, je veux aller à quelques-uns des autres "fêtes de la raison et du flux de l'âme". Nous faisons de beaux progrès avec les *wurrums* et Miss Wilkins prospère avec son entreprise à Wenham.

Votre sincèrement
MARY L. DOW.

PS Mes salutations à ton père. Je suis désolé qu'il ait été malade. J'ai dit à mon sous-comité que je pensais que si M. Baker avait été présent lorsque ma démission a été acceptée, ils m'auraient envoyé un petit message agréable à retenir. Il me semblait qu'après avoir enseigné environ un siècle dans la ville, ils auraient pu au moins me dire d'aller au d———, ou quelque chose de ce genre.

MLD

"Beverly Farms-by-the-Depot" 1918.

Cher généraliste bien-aimé :

"Pink" vient de m'apporter ce petit morceau de papier tout en gribouillis, pour que ma lettre soit de la même taille que la sienne - certaines personnes sont si pointilleuses. Vous m'avez envoyé neuf ou dix boisseaux d'amour, et je les ai tous épuisés, et j'ai faim de plus, car ce genre de régime mon appétit est toujours inassouvi.

Comme je souhaite que nous vous ayons à portée de main ainsi qu'à distance d'amour; J'ai toujours eu un grand désir de vous voir davantage depuis que mes yeux se sont posés sur vous. Je déteste devenir si vieux que peut-être je ne te reverrai jamais en chair et en os. Mais je ne manquerai pas de vous chercher, et de temps en temps, quand vous aurez une chance particulièrement bonne, j'aurai eu quelque chose à voir avec cela. Cela ne veut pas dire que le croque-mort a été appelé et à entendre parler James et Sarah Elizabeth, on pourrait supposer que rien ne pourrait me tuer - je veux seulement dire que 84 ans, c'est sérieux ; mais, pour ma vie, je ne deviens jamais très sérieux pendant longtemps à la fois.

Jimmy et moi sommes allés à Northfield pendant cinq jours, sommes allés à des réunions et avons chanté des psaumes sept heures par jour. Jimmy aime les réunions, étant comme Huxley l'a dit de quelqu'un "d'une religion incurable" - et vraiment je ne parlais pas beaucoup.

Le pays était si doux et beau, l'esprit du lieu était comme la nouvelle Jérusalem redescendue. Nous dormions au dortoir dans les petits lits de fer côte à côte, "chacun dans son lit étroit à jamais couché", seulement nous n'y restions pas éternellement.

Nous avions l'intention de rentrer chez nous en passant par la région de Monadnock, et nous avons fait quelques trajets le long de la rivière Contacook, mais nous avons rencontré un Northeaster et sommes rentrés chez nous sans gloire.

N'avez-vous pas été dans de beaux endroits, et n'avez-vous pas eu beaucoup de chance pendant vos vacances ? J'en suis content.

Je t'aime — Jimmy aussi — et Sambo, et Billy, le chien des voisins, qui traîne autour de moi pour du riz et des rognons, s'il te connaissait aussi. Quant à Pink, elle s'épanouit comme un cheval bai vert, enseigne le français et est de bonne humeur. Molly part en vacances demain. Pauvre Jim ! Chez nous pour les cuisiniers !

Souvenez-vous de lui dans vos prières.

À toi, à toi, MOLLY POLLY.

Beverly Farms.
25 janvier 1919.

Ma chère Mme Goddard :

Je ne savais pas jusqu'à l'autre jour, quand j'ai rencontré par hasard M. Hakanson, que vous aviez eu un moment anxieux et inquiet cet hiver, avec M. Goddard à l'hôpital. Je suis heureux de savoir qu'il peut être à la maison maintenant. Dites-lui avec mon amour, que notre vieille voisine, Mme Goodwin, s'est cassé une fois la jambe, et elle m'a dit que bien qu'elle s'attendait à être toujours boiteuse, qu'en un an, elle ne pouvait pas se rappeler quelle jambe était cassée.

J'espère que vous et les garçons allez bien, en cet hiver de soucis. Quant à la glace, j'en ai une peur bleue, rien d'autre ne me retient jamais dans la maison.

Mon ancienne assistante à l'école, déclare qu'un hiver, elle m'a traîné dans la rue Everett, tous les jours d'école ! Rien de tel que le calme de cet hiver à Beverly Farms n'a jamais été vu. Je pense que je dois suggérer aux gens de Beacon St. de descendre. Nous avons eu bien des jours sombres, mais de temps en temps, je m'allonge dans mon lit et regarde le soleil se lever et glorifier les chênes de ta colline.

Et puis je cite les lignes de "Jim" Emerson :

« Oh ! tendrement le jour hautain

Remplit de feu son urne bleue."

Et il aime ça à peu près aussi bien qu'il aime les étoiles au milieu de la nuit !

D'ailleurs, nous pensons aller au Colorado et en Floride le mois prochain pour quelques semaines. Nous avons le mordant dans les dents, même si nous devrons peut-être aller au City Home à notre retour. Nous voulons essayer le mois de mars dans des climats plus chauds. Nous n'avons rien à nous mettre, mais cela n'a pas d'importance.

Mlle Miller descend de temps en temps, toujours sereine, bien que ce qu'elle trouve dans l'inlook ou les perspectives soit difficile à voir. La sérénité dans son cas, ne dépend pas des circonstances extérieures.

Que Dieu vous bénisse tous, et nous serons heureux de revoir nos aimables voisins sensés.

Affectueusement,
MARY L. DOW.

Ma chère Mme Goddard :

J'ai dit à la gentille jeune personne à votre porte que j'espérais voir un jour bientôt votre cher visage, et c'est ce que j'espère. Mais je comprends tous vos moments occupés, et vous comprenez mes limites, étant né il y a tant d'années ; et nous savons toutes les deux quelles belles femmes nous sommes toutes les deux, et c'est tout !

Ensuite, il n'y a jamais eu une telle salade que celle que nous avions pour notre dîner du 4 juillet. Et j'ai eu un peu de vraie huile, trop bonne pour n'importe quel colporteur. Je l'ai mis directement sur ces chers petits oignons et cette laitue qui a l'air heureuse! Et ce n'est pas tout, car il reste des carottes, douces et sucrées, pour notre déjeuner de demain. J'ai dit à "Jim" qu'ils étaient bons pour le tempérament et il a dit qu'il n'avait pas besoin de carottes pour le sien ! Les hommes sont terriblement vaniteux. Et je suis si heureux de voir M. Goddard partir tout de suite, sans boiter à son nom. James et Miss Miller envoient de l'amour, et moi aussi, tandis que la belle colline vous tient et toujours.

MARY LARCOM DOW.

Lundi 7 juillet 1919.

Mme Dow a écrit à une amie californienne, Mme Gertrude Payne Bridgeford, peu de temps avant sa mort :

"Je donnerais ma chance d'avoir une robe de satin pour te voir, et j'espère que je vivrai pour le faire, mais si je ne le fais pas, souviens-toi que je t'aime toujours, ici ou là-bas, et je cite ici mon vers préféré de Weir Mitchell,

'Oui, j'ai eu cher Seigneur, le jour,

Quand, à ton appel, j'ai la nuit,

Bref soit le crépuscule quand je passe

Du clair au foncé, du foncé au clair.'"

Sa prière fut exaucée car le crépuscule fut bref.

Chère Elsie :

Dès que Mary a dit "E. Sill" - j'ai trouvé la prière du fou directement.

C'était dans mon esprit et je ne resterais pas dehors. Comme il exprime bien que nos péchés sont souvent moins graves que nos bévues ! Une magnifique prière pour une personne sans tact. Peut-être n'irais-je pas jusqu'à dire que le manque de tact est aussi mauvais que le manque de vertu, mais c'est bien mauvais ! À partir de ce défaut, vous serez indemne ! Mais je gaffe souvent.

Votre TAT est là, je le garde en otage.

À toi,
Votre Old Schoolma'am.

Vendredi 9 avril 1920.

EXTRAITS DE LETTRES

« Ne serait-ce pas beau si quelqu'un pouvait tomber, comme une feuille d'arbre ?

"La longévité est la maladie la plus difficile au monde à guérir, vous êtes battu dès le début et empirez chaque jour !"

"Ah, ma chérie, parfois je souhaite - je souhaite presque - je n'aimais pas si bien la vie ! ça aussi!"

Et parlant de la grave maladie de M. Dow, elle écrivit :

"J'essaie de croire que Dieu ne le prendra pas le premier - et ne me laissera pas sans soleil dans le ciel - ni oiseau dans le buisson - pas de fleur dans l'herbe."

APPRÉCIATION

PAR

SARAH E. MILLER

C'est à l'automne 1872 que j'ai rencontré pour la première fois mon amie, Mary Larcom Ober, à Wilmington, en Caroline du Nord, où nous enseignions dans la même école.

Au printemps 1873, elle m'invita chez elle à Beverly Farms.

Comme je me souviens bien de cette première visite heureuse dans les belles fermes de Beverly et de la première promenade dans ses bois. Nous avons traversé les terres du domaine Haven, puis la colline de Dalton, qui offre une si belle perspective.

À partir de ce moment, la maison de mon amie m'a accueilli chaque fois que j'ai choisi de venir, et cet accueil a duré jusqu'à la fin de sa vie.

Quelle hospitalité, quel repos et quelle paix il y avait dans la chère "maison au bord de la route", et une gentillesse et un amour indéfectibles. Quelle joie lors des festivals de Thanksgiving et de Noël lorsque des amis et des voisins sont venus apporter leurs salutations et sont restés pour discuter amicalement ou jouer aux cartes.

Au cours des premières années de notre amitié, j'ai fait connaissance avec les bois de Beverly Farms, car nous vivions nos après-midi d'été principalement à l'extérieur à cette époque. Nous avions deux endroits préférés sous les arbres, l'un sur une petite colline au milieu des pins, l'autre, avec des aperçus sur la mer, et nous faisions notre choix au jour le jour.

Ici, en compagnie de livres, d'oiseaux et d'écureuils, nous avions l'habitude de nous asseoir, de lire et de coudre jusqu'à ce que les derniers rayons de soleil atteignent la cime des pins, puis nous ramassions des livres, travaillions et rentrions chez nous.

J'ai beaucoup appris sur les livres à cette époque grâce à mon ami, beaucoup aussi sur les bois. Elle connaissait les endroits où se cachaient les fleurs printanières, les hepaticas, les violettes, les sanguinaires, les ancolies penchées et toutes les autres, et nous les avons cherchées ensemble.

Le souvenir de ces premières années à Beverly Farms et de toutes les années suivantes fait partie de mes biens les plus précieux.

MEB

EXTRAITS DE LETTRES ÉCRITES À MR. DOW

De Mme Cora Haynes Crosby :

"Je l'ai connue et aimée, notre chère et merveilleuse amie qui nous a quittés, depuis que je me souvienne, et quelle amie elle a été.

Non seulement elle était chère à père et mère, mais tout aussi précieuse avec son grand, noble et bel esprit pour nous tous les plus jeunes, car elle n'était pas plus âgée que nous.

Cette vision heureuse de la vie, son amour de tout ce qui est beau et beau dans la nature, les livres et les gens, ont fait d'elle une source d'inspiration pour tous ceux qui la connaissaient."

Extrait d'une lettre de Mme Margaret Haynes Pratt :

"Depuis que je suis toute petite, Molly fait presque partie de notre foyer. Enfant, ses visites étaient autant une joie pour moi que pour ma mère et mon père.

Je n'ai jamais pensé qu'elle était vieille, même alors - et un enfant marque généralement les années de façon implacable, car Molly a toujours été jeune pour moi, comme elle a dû l'être pour tous ceux qui la connaissaient.

C'est merveilleux d'avoir eu une nature qui aide ainsi tous ceux qui l'ont connue à croire que la vie est immortelle."

Printed in the USA
CPSIA information can be obtained
at www.ICGtesting.com
LVHW051355251023
762104LV00005B/149